Prolog

Die Bewerbung besteht aus einem schriftlichen und einem mündlichen Teil (Vorstellungsgespräch).

In diesem E-Book wird ausschließlich das Anschreiben behandelt.

Das Anschreiben ist die zentrale Eintrittskarte um in die Auswahl zu kommen.

Kürze und Prägnanz zeichnen ein erfolgreiches Bewerbungsanschreiben aus.

Die vier Teile der Bewerbung sind:

Der Begrüßungssatz.

Fachliche Qualifikation

Persönliche Qualifikation.

Satz der Verabschiedung.

Alle anderen Ausführungen sind in der Regel überflüssig und reduzieren ihre Chancen eingeladen zu werden.

Die tabellarische Form des Lebenslaufes ist die erfolgreichste. Es gibt nur zwei gute Varianten. Die Form mit Jahreszahlen und die mit monatlichen Angaben. Beispiel - Lebensläufe sind angefügt.

Die schriftliche Bewerbung

Die vier Teile des Bewerbungsschreibens sind:

Der Begrüßungssatz.

Fachliche Qualifikation.

Persönliche Qualifikation.

Satz der Verabschiedung.

Der Lebenslaufes

Vor-und Nachteile der tabellarischen Formen

YouTube Videos zu dem E Book sind von Hubertus Ihn geschaltet oder in Vorbereitung.

Auch wenn Sie eine gute Handschrift haben, handschriftliche Anschreiben und Lebensläufe sind nicht mehr üblich.

Die Onlinebewerbung bzw. die Bewerbung per E-Mail ist in der gleichen Weise zu gestalten, wie die schriftliche Bewerbung per Brief.

Eine Besonderheit ist die Frage der Positionierung Ihres Bildes. Wenn sie sich nicht als Modell, Empfangsdame oder ähnlichem bewerben, ist es meiner Meinung nach nicht von Vorteil, das Bild vor dem Anschreiben zu positionieren. Das Bild entweder als JPEG oder PDF Datei als Anlage oder als zweite Seite zwischen dem Anschreiben und dem Lebenslauf einzuordnen, ist üblich.

Für Berufsanfänger bildet die Begründung für die fachliche und persönliche Qualifikation eine besondere Schwierigkeit.

Die Begründung für die fachliche Qualifikation besteht in dem Hinweis auf Leistungskurse, Noten bezüglich Physik, Mathematik, IT, Deutsch, Englisch usw. (je nach gewählten Beruf) und geleisteten Praktika. Falls die Noten nicht so gut sind, können auch Neigungen (z.B. naturwissenschaftliches oder soziales Interesse, IT) als Begründung dienen.

Aufgrund der fehlenden fachlichen Qualifikation der

Berufsanfänger legen die Personalreferenten bzw. Chefs von Kleinunternehmen einen besonderen Wert auf die persönlichen Qualifikation und deren kurze Begründung.

Tätigkeiten in der Schülerverwaltung sowie außerschulisches Engagement, z. B. in Vereinen oder im sozialen Bereich und Hobbys eignen sich gut als Begründungen hinsichtlich der persönlichen Qualifikationen. Die Bewerbung besteht aus einem schriftlichen und mündlichen (Vorstellungsgespräch) Teil.

In diesem E-Book wird ausschließlich das Anschreiben behandelt.

Das Anschreiben ist die zentrale Eintrittskarte um in die Auswahl zu kommen.

Als Bewerbungstrainer und Personalberater bin und war ich lange tätig.

Für eine erfolgreiche schriftliche Bewerbung hat das Anschreiben die zentrale Bedeutung.

Kurze und Prägnanz zeichnen ein erfolgreiches Bewerbungsanschreiben aus.

Als Personalberater schildere ich Ihnen kurz meine Tätigkeit. Auf meinem Schreibtisch landeten ca. 500 Bewerbung, davon waren 400 promovierte Bewerber. Die Firma als auch die Stelle waren sehr begehrt. Versetzen Sie sich nun in meine Lage! Wie gehe ich wohl bei der Auswahl vor?

Ich schau mir ausschließlich das Anschreiben an, es sei denn der Bewerber interessiert mich so sehr, dass ich noch in den Lebenslauf schaue. Das kam höchstens zweimal vor.

In diesem Fall waren mir von dem Inhaber drei Auswahlkriterien vorgegeben. Neben der fachlichen Qualifikation sollte der Bewerber verkäuferisches Talent und Umgang mit Konflikten vorweisen.

Da ich des dynamischen Lesens mächtig bin, interessiert mich nur die Worte, die diese drei Eigenschaften repräsentierten. Ein kurzer Blick auf das Anschreiben genügte, um festzustellen ob der Bewerber geeignet ist.

Links von mir lagen die durch zu sehenden Bewerbungen, Griff nach rechts, mit der linken Hand aufschlagen, kurzer Blick und die Bewerbung fiel rechts von mir auf dem Boden. Die interessanten Bewerber landeten rechts oben auf dem Schreibtisch. Von den ca. 500 Bewerbungen blieben auf dem Schreibtisch nur 30 liegen. Zehn Bewerber wurden zum Vorstellungsgespräch geladen. Pikant an dem Auftrag war, dass keiner der Bewerber genommen wurde. Es wurde eine neue Anzeige geschaltet und aus diesem Bewerberkanon erfolgte eine Anstellung.

An diesem Beispiel sehen Sie, welcher große Aufwand zum Teil bei der Auswahl von Bewerbern betrieben wird und wie es in der Praxis zu gehen kann.

Die Kürze und Prägnanz des Anschreibens, das wiederhole ich hier, entscheidet über den Erfolg einer Bewerbung.

Das Anschreiben beinhaltet In der Regel vier Teile! Es gibt Ausnahmen.

Mehr nicht!!!!!!!!

Die vier Teile sind:

Der Begrüßungssatz.

Fachliche Qualifikation.

Persönliche Qualifikation.

Satz der Verabschiedung.

Beispiele für den Begrüßungssatz;

Mit großem Interesse habe ich Ihre Anzeige in der…. gelesen.

Das Anforderungsprofil Ihrer Anzeige im… entspricht meiner Ansicht nach, meinem Qualifikationsprofil.

Bei Initiativbewerbungen:

Ihre renommierte Unternehmung veranlasste mich zu dieser Bewerbung.

Ihre qualitativ hochwertigen Produkte und der gute Ruf Ihres Unternehmens haben mich zu dieser Bewerbung bewogen.

Eine engagierte Mitarbeit in ihrem erfolgreichen Unternehmen wäre für mich von großem Interesse.

Arbeitsblatt für den positiven Begrüßungssatz

Hier können Sie Varianten untereinander schreiben,

die ihnen hinsichtlich des Unternehmens und der Stelle und ihren eigenen Empfindungen und Überzeugung als sinnvoll erscheinen.

Mit großem Interesse habe ich Ihre Anzeige in der.... gelesen.

Das Anforderungsprofil Ihre Anzeige im... , entspricht meiner Ansicht nach, meinem Qualifikationsprofil.

-

-

-

-

-

Fachliche Qualifikation.

Die fachliche Qualifikation können Sie entweder der Anzeige oder einem Stellenprofil aus dem Internet, bei einer Initiativbewerbung, entnehmen.

In der Anzeige wird im Anforderungsprofil beschrieben, welche Qualifikationen Sie für die Stelle benötigen.

Intelligente Anzeigen, schreiben nicht unbedingt alle Qualifikationen in die Anzeige sondern erwarten von Ihnen, dass Sie wissen welche Qualifikationen, sie darüber hinaus erwarten werden.

Die Begründung für die fachliche Qualifikation besteht in dem Hinweis auf Leistungskurse, Noten bezüglich Physik, Mathematik, IT, Deutsch, Englisch usw. (je nach gewählten Beruf) und geleisteten Praktika. Falls die Noten nicht so gut sind, können auch Neigungen als Begründung dienen.

In diesem Teil beschreiben Sie die Qualifikationen **ausschließlich für die Hauptaufgaben** der Stelle.

Zum Beispiel:

Kenntnisse und Erfahrungen mit Zeitangaben im Bereich der IT, Forschung und Entwicklung.

Verkaufserfahrung mit welchen Produkten und welchen Zielgruppen.

Erfahrung mit der Kostenrechnung und ihren spezifischen Arten oder Tätigkeiten in der Bilanz- bzw. Lohn- und Gehaltsbuchhaltung. Zeitangaben sind hier, wenn möglich, unbedingt erforderlich.

Der Umfang der Beschreibung ihrer fachlichen Qualifikation ist auf 3-4 Sätze zu begrenzen. Es sollten kurze prägnante Sätze, auf keinen Fall Bandwurmsätze oder starke geschachtelte Sätze sein. Die Sätze können dabei aber bis zu drei oder vier Aufzählungen enthalten.

Beispiel:

Seit drei Jahren bin ich in der IT Branche tätig, insbesondere im Webdesign, Planung, Erstellung und Vertrieb. Seit zwei Jahren besitze ich besondere Erfahrungen in der Reklamationsbehandlung und der Kundenanbahnung. Die neuesten Instrumente zur Erstellung des Web Designs beherrsche ich sehr gut.

Arbeitsblatt für die fachlichen Qualifikationen

Um die relevanten bzw. treffenden Qualifikationsmerkmale zu finden, gehen Sie folgendermaßen vor:

Durchsuchen Sie die Anzeige nach entsprechenden Worten bzw. Begriffen, die der Arbeitgeber fordert.

Befragen Sie Berufstätige möglichst aus den Bereichen.

Überlegen Sie sich selber, welche Qualifikationen der Arbeitgeber von ihnen fordern wird.

Welche Qualifikationen haben Sie selbst.

Denken Sie immer daran, dass der Arbeitgeber seine Qualifikation hören möchte. Selbst wenn sie die nur

zum Teil oder nicht besitzen. Im Bewerbungsgespräch können Sie immer noch Argumente finden, um diese Qualifikation zu erreichen. (Intensive Vorbereitung ist dafür notwendig).

Arbeitsblatt für die fachlichen Qualifikationen, Seite 2

Welche Qualifikationen sind erwünscht?

Welche Qualifikationen sind bei mir kritisch?

Welche Qualifikationen will ich im Anschreiben wählen?

Arbeitsblatt für fachlichen Qualifikationen Seite 3

Hier können Sie Varianten untereinander schreiben, die ihnen hinsichtlich des Unternehmens und der Stelle und ihren eigenen Empfindungen und Überzeugung als sinnvoll erscheinen.

-

-

-

-

-

Persönliche Qualifikation.

Die persönlichen Qualifikationen können Sie entweder der Anzeige oder , bei einer Initiativbewerbung einem Stellenprofil aus dem Internet : entnehmen.

In der Anzeige wird im Anforderungsprofil beschrieben, welche persönlichen Qualifikationen Sie für die Stelle benötigen.

Intelligente Anzeigen, schreiben nicht unbedingt alle Qualifikationen in die Anzeige sondern erwarten von Ihnen, dass Sie wissen welche Qualifikationen, sie darüber hinaus erwarten werden.

Aufgrund der fehlenden fachlichen Qualifikation der Berufsanfänger liegen die Personalreferenten bzw. Chef von Kleinunternehmen einen besonderen Wert auf die persönlichen Qualifikation und deren kurze Begründung.

Tätigkeiten in der Schülerverwaltung sowie außerschulisches Engagement, z. B. in Vereinen oder im sozialen Bereich und Hobbys eignen sich gut als Begründungen hinsichtlich der persönlichen Qualifikationen.

Beispiele für die persönliche Qualifikation:

Teamfähigkeit

Engagement, engagiert

Eigeninitiative

Flexibilität

z.B. in der Anzeige steht vielseitig einsetzbar oder abwechslungsreiche Aufgabe

Eigenverantwortlich

Eigenständig

Kooperativ

Kompetente telefonische Betreuung

Kooperativer Teamplayer mit sehr guter Kommunikationsfähigkeit

Ausgeprägtes Serviceorientierung

Belastbar, hohe Belastungsfähigkeit

Sorgfalt und Vertrauenswürdigkeit bei den Funktionen: Buchhaltung, Kasse usw..

Kreativität ist nur dort angebracht, wo es per Anzeige gefordert wird oder in kreativen Berufsgruppen. Sonst ist die Kreativität nicht sehr erwünscht.

Immer wieder begegnete mir in meinen Praktika der Satz:

Das Denken können Sie an der Garderobe abgeben (oder andern überlassen), hier wird gearbeitet!

Loyalität, loyal

Durchsetzungsvermögen

Gutes Auftreten

Positiver Ausstrahlung

Motivation

Angenehmes Äußeres

freundliches Auftreten

Konfliktfähigkeit

Sicheres Auftreten

Das ausführliche Begründen der persönlichen Eigenschaften, wie in vielen Bewerbungsbüchern empfohlen, halte ich für völlig verfehlt. Es erschwert dem Personalreferenten bzw. -berater die zügige Bearbeitung bzw. das schnelle Lesen des Anschreibens.

Eine kurze Begründung hinsichtlich der bisherigen geleisteten Arbeiten bzw. Tätigkeiten wird als positiv angesehen.

Wichtig ist weiterhin, dass die genannten persönlichen Eigenschaften im Vorstellungsgespräch, selbst wenn man sie nur begrenzt besitzt, durch gute Argumente gestützt werden können.

Dazu weiteres im Band: Das Vorstellungsgespräch.

Beispiele für die persönlichen Qualifikationen

Eigeninitiative zu ergreifen, Belastbarkeit und engagiertes, teamorientiertes Arbeiten bin ich gewohnt.

Meine bisherigen Tätigkeiten als… erforderten Eigeninitiative, Belastungsfähigkeit und engagiertes, teamorientiertes Arbeiten.

Kooperatives Verhalten sowie zielorientiertes, effizientes Arbeiten unter hoher Belastung konnte ich in meinen bisherigen Tätigkeiten als… unter Beweis stellen.

Sorgfältige Bearbeitung und vertrauenswürdiges sowie loyales Verhalten ist für mich selbstverständlich.

Meine bisherigen Tätigkeiten als....... erforderten ein hohes Maß an Durchsetzungsvermögen, Flexibilität und kompeten, kooperativen Arbeitseinsatz.

Die Besonderheiten bezüglich der Bewerbung für Berufseinsteiger bzw. -anfänger.

Aufgrund der fehlenden beruflichen Tätigkeit des Berufseinsteiger und der bisher fehlenden fachlichen Qualifikation sind die persönlichen Qualifikationen und ihr Nachweis für den Personalbeschaffer von besonderer Bedeutung.

Wenn Sie die für die Stelle geforderten Qualifikationen in dem Anschreiben nennen und dass ist sehr wichtig, gut aber prägnant und kurz begründen, werden Sie in der Regel zum Vorstellungsgespräch geladen. Selbst dann, wenn ihre fachliche Qualifikation nicht ganz überzeugt.

Beispiele für den Absatz persönliche Qualifikationen für Berufseinsteiger.

Schreiben Sie auf keinen Fall, es sei denn ihre angestrebte Tätigkeit fordert das, keinen Besinnungsaufsatz, möglichst noch blumig, wie von vielen Deutschlehrerinnen und Deutschlehrern gefordert.

Durch mein außerschulisches, sportliches Engagement als…. konnte ich Erfahrungen für die Teamarbeit erwerben.

Meine engagierten, außerschulische Tätigkeiten im sozialen Bereich förderten meine Fähigkeiten im Umgang mit Menschen.

Beispiele für den Satz der Verabschiedung:

Auf eine Einladung und ein Gespräch mit Ihnen freue ich mich sehr.

Auf ein Vorstellungsgespräch bei Ihnen freue ich mich sehr.

Ihre Firma und Sie kennen zu lernen, sehe ich mit großem Interesse entgegen.

In ihrem renommierten Unternehmen und mit ihnen engagiert zu arbeiten, wäre für mich von großem Interesse.

Arbeitsblatt für den positiven Verabschiedungssatz

Hier können Sie Varianten untereinander schreiben, die ihnen hinsichtlich des Unternehmens und der Stelle und ihren eigenen Empfindungen und Überzeugung als sinnvoll erscheinen.

Auf eine Einladung und ein Gespräch mit Ihnen freue ich mich sehr.

Auf ein Vorstellungsgespräch bei Ihnen freue ich mich sehr.

-

-

-

-

-

Lebenslauf

Nie länger als 1 Seite!!!!!!!!

Für den kreativen oder künstlerischen Bereich sind in dem einen oder anderen Fall andere Möglichkeiten zur Gestaltung des Lebenslaufes möglich.

Bezüglich der Übersichtlichkeit und hinsichtlich der schnellen Lesens ist unbedingt die tabellarische Form zu wählen

Ansonsten gibt es nur zwei wesentliche Möglichkeiten den tabellarischen Lebenslauf zu strukturieren.

Monatliche Angaben: 4. 2012 bis 8. 2014

Jährliche Angaben: 2012-2014

der Personalbeschaffung möchte es kurz!

Auf keinen Fall: 1.3.2012 bis 1.8.2014

Der absolute Killer: 1. März 2012 bis 1. August 2014

Das ist ein Witz aber schon vorgekommen:

erster März 2012 bis einunddreißigster August

Lebenslauf tabellarisch (die übliche Form)

Lebenslauf der Ingeborg Meyer(Mittig, Nicht Fett)

2000   Geboren

Ort   München

2006 – 2010 Grundschule, München

2010 - 2014 Realschule, Hamburg

2015   Mittlere Reife

2015   Praktikum 6 Wochen, Siemens, IT

2014-2015   Leistungskurs Physik und Mathematik

| 2013 | Schüleraustausch, England, 3 Monate |
| 2013-2015 | Fußballspieler, Junioren, Köln |

Persönliche Interessen und Hobbys

Computer, Sport

Lebenslauf tabellarisch

Lebenslauf der Ingeborg Meyer(Mittig, Nicht Fett)

4. 2000	Geboren
Ort	München
4. 2006 – 2010	Grundschule, München
8. 2010 – 8.2014	Realschule, Hamburg
8. 2015	Mittlere Reife
9. 2015 -10.2015	Praktikum Wochen, Siemens, IT
9. 2014 - 9.2015	Leistungskurs Physik und Mathematik
10. 2013- 4.2014	Schüleraustausch, England
1. 2013 -	Fußballspieler, Junioren, Köln

Persönliche Interessen und Hobbys

Computer, Sport

Arbeitsblatt

Lebenslauf....

Anmerkungen zu den Lebensläufen

Obwohl in vielen Bewerbungsbüchern der Lebenslauf mit den monatlichen Angaben bevorzugt empfohlen wird, bin ich der Meinung, dass die erste Lebenslauf mit den Jahreszahlen, wegen seiner Übersichtlichkeit besser ist.

Vergleichen Sie bitte die beiden vorgeschlagenen tabellarische Lebensläufe unter dem Gesichtspunkt der Übersichtlichkeit.

Der zweite Lebenslauf mit den monatlichen Angaben ist lückenloser und wird deswegen empfohlen. Mit diesem Lebenslauf können sie keine Zeiten verbergen. Wenn Sie ein Schuljahr wiederholt haben, arbeitslos waren, eine Lehre abgebrochen haben oder ein schlechtes Zeugnis erhielten, können Sie das in dem Lebenslauf mit den Jahreszahlen auslassen ohne dass ein Bruch im Zeitablaufzu erkennen ist.

Um es krass auszudrücken, es gibt bei den Personalbeschaffern viele Korintenkakker!

Wenn Sie mit solchen rechnen müssen, insbesondere bei kleinen Unternehmen in der Provinz, sollten Sie trotz mangelnder Übersichtlichkeit, die monatliche zweite Form des Lebenslaufes wählen.

Wenn Sie allerdings Zeiten haben, die sie verbergen möchten oder sollten, ist es unbedingt zweckmäßig, die erste Form des Lebenslaufes mit den Jahreszahlen zu wählen.

Kurze Vorbereitung auf das Vorstellungsgespräch

Viele Bewerbungsbücher sind der Meinung: „Lügen haben kurze Beine."

Meine Meinung ist und damit befinde ich mich bei meinen Kollegen, die als Personalberater und -beschaffer tätig sind, in guter Gesellschaft: „Der Bewerber muss nicht seine Unzulänglichkeiten im Lebenslauf auf dem Tablett servieren."

Ein Kollege, der als Personalchef eines mittleren Unternehmens mit 1000 Beschäftigten, 20 Jahre tätig war und seit zehn Jahren Personalberater ist, sagte mir einmal: „Gerade der Lebenslauf eignet sich besonders gut, um herauszufinden, wie der Bewerber (mit welchen Argumenten) seine Unzulänglichkeiten und Schwächen kaschiert."

„Ich weiß, der Bewerber verbirgt etwas. Ich will wissen, wie gut er das nach außen vertritt. Fehler zugeben, gut und schön, aber nicht alle Schwächen, die man hat, muss man dem andern präsentieren. Seine eigenen Interessen zu verteidigen, auch im Sinne des Unternehmens, ist unbedingt notwendig, um seinen Mann/ seine Frau zu stehen."

Wenn in Ihrer Bewerbung keine Schwächen zu finden sind, ist eine, von mir nicht sehr geschätzte Vorgehensweise, üblich.

Der Personalbeschaffer fragt Sie: "Was sind Ihre Stärken und ihre Schwächen?"

Insbesondere die Frage nach ihren Schwächen soll Sie aufs Glatteis führen!

Es wird nicht erwartet, dass sie alle ihre Schwächen und insbesondere ihre großen Schwächen kundtun.

Gravierende und offensichtlicher Schwächen, insbesondere dann, wenn sie angesprochen werden, sollte man zugeben aber Sie arbeiten daran und versuchen mit ihnen umzugehen.

Wenn Sie nach den Schwächen gefragt werden, nennen Sie ein oder zwei, die nicht so wesentlich sind oder mögliche Stärken sein können. Z.B. :" Ich bin manchmal zu zurückhaltend oder andererseits zu forsch, zu vorsichtig, zu aktiv, zu schnell, zu überlegt usw.."